AF268207

LA PAIX

EST-ELLE POSSIBLE?

PAR

UN AMBASSADEUR

EN NON ACTIVITÉ.

———o o———

Prix : 25 centimes.

———o o———

PARIS

AUX LIBRAIRIES DE NOUVEAUTÉS.

—

1856

DÉPOSÉ.

LA PAIX

EST-ELLE POSSIBLE?

Paris, 18 janvier 1856.

L'ultimatum de l'Autriche est accepté *purement* et *simplement* par la Russie comme préliminaire de la paix.

Cette acceptation pure et simple nous effraie. Un peu au courant des affaires du siècle, nous savons que les dénoûments sérieux ne vont pas si vite. Le grand secret est de prolonger la lutte : le temps fait le reste.

Les lumières des Cabinets de l'Occident nous rassurent. Toutefois, si la prudence nous commande une grande réserve, notre expérience ne nous permet de céder ni aux illusions, ni aux entraînements d'une confiance aveugle. Le patriotisme a ses priviléges.

Nous écrivons comme si l'ultimatum était encore à poser.

L'opinion publique se préoccupe chaque jour de l'état de l'Europe. Chacun juge la question suivant ses sympathies, ses intérêts ou ses espérances. Pour tous, il y va du repos et du bonheur général. Mais tout se borne à des vœux dans les masses, et à des illusions ou des colères mal contenues dans la presse de l'Occident. Il ne s'agit ici de faire le procès ni à l'opinion publique, ni au journalisme. La mobilité de l'une fait le succès de l'autre. En dehors des graves intérêts que doit résoudre le problème posé par la question d'Orient aux Puissances de l'Occident, il y a encore l'intérêt de chaque jour où s'engage souvent aveuglément la fortune d'un grand nombre. Les dépêches télégraphiques ont fait là fortune de quelques hardis spéculateurs au détriment des petits politiques qui vivent au jour le jour, attendant la *hausse* ou la *baisse* des indications plus que problématiques de *correspondances,* souvent mal renseignées, et quelquefois peut-être un peu complices intéressées des bruits qu'elles propagent. Il est regrettable que le public s'engage sur la foi de pareils renseignements, qui ne sont jamais que des *on dit.* Les chancelleries n'ont point l'habitude de communiquer leurs délibérations aux *correspondants* des journaux.

Une brochure, publiée récemment par un homme d'état, qui, si on en juge par son opuscule, n'est ni Français ni Russe, a eu le rare privilége d'émouvoir l'opinion publique, même au delà du Détroit, précisément parce qu'elle proposait une solution invraisemblable et qu'en général le paradoxe saisit mieux le vulgaire, que le calme froid et austère de la vérité. Cet état d'incertitude est grave, sans doute, mais il est dans la nature des choses. Il ne faut donc demander aux faits et aux événements que ce qui ressort essentiellement de la lutte qui est engagée.

Pour savoir si la paix est possible, il faut d'abord savoir quelle guerre se fait et pourquoi elle se fait. Quand cette question sera bien éclaircie, il y aura moins de témérité à se poser la question qui fait l'objet de ce travail :

« La paix est-elle possible ? »

I

Le point de départ est à Jérusalem. La politique de la France a des traditions qu'un grand gouvernement ne saurait négliger sans abdiquer le rôle important que lui impose cette civilisation séculaire, qui fait sa force au dedans et sa grandeur au dehors.

La Russie, qui n'a ni les mêmes précédents ni la même influence, obéit cependant, en apparence du moins, à ce besoin impérieux de domination civilisatrice qu'ont ambitionnée tous les peuples conquérants et toutes les dynasties qui fondent des empires. C'est là son excuse et son erreur.

On connaît la mission du prince Menschikoff et les conséquences qu'elles a fatalement produites.

C'est le premier acte d'hostilité de la Russie. Tant qu'elle s'est tenue à l'*ultimatum* des notes et des instances diplomatiques, l'Europe n'avait rien à dire. La France attentive, comme une sentinelle vigilante, s'est montrée la première : cela devait être. Quand la Russie a menacé de ses armes l'Empire chancelant des Osmanlis, une flotte est sortie de Toulon pour déclarer au successeur de Pierre le Grand, que nulle puissance du Continent ne peut, selon l'expression d'un juge compétent, le grand Frédéric, tirer un coup de canon sans la permission du Souverain que la Providence a mis à la tête d'une des plus vaillantes armées du monde.

Le roi de Prusse avait raison. La France est l'avant-garde de toutes les grandes questions qui agitent le monde : CIVILISATION, PRÉPONDÉRANCE OU CONQUÊTE ; rien ne peut se décider sans sa permission. On peut traiter contre elle; mais quand elle n'a ni parlé ni consenti *librement,* on peut tenir pour certain qu'il n'y a pas de contrat.

Le passé est là avec ses enseignements. La politique, qui n'est que la direction des sociétés humaines par les princes des empires, est la même en janvier 1856, qu'il y a trois siècles, quand le sceptre de l'Europe était entre les mains de François Ier et de Charles-Quint.

Le Roi chevalier se fit l'allié des Turcs contre la prépondérance que le génie ardent de Charles-Quint voulait étendre sur le monde entier.

II

Ce que la Maison de Valois avait fait, le glorieux fondateur de la Maison de Bourbon s'empressa d'en accepter l'héritage. Henri IV alla plus loin. Comme si le génie pénétrant de ce grand prince eût lu dans l'avenir, il associa à ses gigantesques projets la reine Élisabeth d'Angleterre. Il y a de cela plus de deux cent cinquante ans. Le roi de France voulait faire la guerre comme nous la faisons, pour MAINTENIR *l'é-*

quilibre européen. On ne saurait trop insister sur ce point, car c'est là que porte la guerre actuelle, rien que là, de la part de la France.

Dans le système de fédération si fidèlement retracé par son loyal ministre Sully, Henri IV avait préparé tous les éléments qui devaient faire de l'Europe une puissance éminemment chrétienne et parfaitement équilibrée. Toutes les puissances secondaires suivaient l'impulsion que devait diriger le grand Roi, quand la mort le frappa. Élisabeth l'avait précédé de quelques années. Ainsi s'évanouit, en partie, cette pensée française, que le génie de Richelieu recueillit pieusement, se portant, par cette élévation de vue, à la hauteur du trône, où le bon sens de son souverain, Louis XIII, le laissa vingt-deux ans, pour la gloire de la France.

Depuis cette époque, l'illustre maison d'Autriche est restée ce qu'elle ne doit jamais cesser d'être, une puissance de premier ordre. Mais sa prépondérance s'est effacée, et si sa gloire n'a point diminué aux yeux de l'Europe, c'est qu'une nation ne cesse pas d'être grande, pour ne point dominer exclusivement.

Mais une dernière remarque est nécessaire. Dans le plan de Henri IV, « le puissant *Knès Schitien* (*le Czar*), comme dit « Sully, ne devait point faire partie de la *confédération des* « *princes de l'Europe*. Il serait trop long de rappeler les rai- « sons que donne Sully de l'exclusion de « *celui* diversement « nommé Empereur, Roi, ou Grand-Duc de Russie et de Mos- « covie. »

Des diverses raisons qu'allègue le ministre de Henri IV pour éloigner le Grand-Duc de Moscovie, « ce sont les *limites* trop « *éloignées* de l'Europe et limitrophes des puissants Empires du « *Tartare*, du *Turc*, et du *Perse*, avec lequel il *a souvent quel-* « *que chose à démêler*. » Sully écrivait cela en 1609. Qu'on mesure maintenant ce qu'est devenu cet État de l'Empereur, Roi ou Grand-Duc de Moscovie *diversement nommé*.

III

La prépondérance n'a donc fait que changer de maître. Sous les Valois et la Maison de Bourbon, l'Autriche veut dominer.

La France l'arrête et la force de reculer. Il a fallu près de deux siècles pour en arriver là.

Le génie fondateur de Pierre le Grand a jeté les assises d'une nouvelle capitale, il y a cent cinquante ans, à plus de deux cents lieues de Moscou. Saint Pétersbourg est la clef du Nord, comme Sébastopol, en attendant Constantinople, est la clef du Midi, et Varsovie la clef du Centre. Voilà le testament de Pierre Ier à peu près exécuté.

Aucune puissance du monde, pas même les États-Unis d'Amérique, ne s'est développée si rapidement.

Fidèle aux précédents des souverains qui ont gouverné la France, l'Empereur Napoléon III a résolument suivi les traces de Henri IV. C'est la politique Nationale. Si c'est sa force aux yeux de l'Europe et de la France, ce sera sa justification et sa gloire aux yeux de la postérité. Les grands Princes ne sont pas seulement ceux qui font des choses extraordinaires, ce sont ceux surtout dont le sens droit marche d'un pas ferme dans les voies de la justice, en se conformant aux institutions, aux mœurs, aux traditions et aux caractères de leurs peuples.

La France ne veut exercer de despotisme sur aucun peuple, mais elle ne peut ni ne veut permettre la suprématie d'une autre nation. Il faut donc que la Russie se résigne noblement, grandement, non-seulement dans son intérêt particulier, mais encore pour la paix générale de l'Europe.

Ceux qui ont suivi avec cette attention sérieuse qui donne le sens des choses, les affaires de l'Occident depuis 1815, comprendront la situation actuelle et le revirement de l'opinion de l'Europe.

En effet, en 1815, la coalition se groupe avec fureur contre la France seule. Les traités de Vienne se font contre la France et presque sans la France. A ce moment, pas un allié fidèle, pas une main amie pour calmer les douleurs et les amertumes d'un jour de défaite après tant de victoires ! La Russie marchait à la tête de ces puissances dont la Sainte-Alliance devait être la dernière expression.

Où sont les traités et les serments de 1815 ? Notre ancienne et glorieuse Rivale, hésitant un moment aux premières alarmes des Lieux-Saints, a jeté un coup d'œil sur le passé, et l'ombre d'Élisabeth ranimant cet instinct national qui ne s'éteint ja-

mais chez les grands peuples, l'Angleterre s'est levée comme
un seul homme à la voix du prince pénétrant qui avait poussé
le cri d'alarme. L'Empereur des Français avait compris qu'il
s'agissait moins pour la Russie de protéger ses coréligionnaires
de Turquie, que de recueillir le splendide héritage des fidèles
de Mahomet.

IV

En 1815, la France était seule, et la Russie, on le sait, tenait
le sceptre du monde.

En 1830, le Tzar Nicolas, politique profond, feint d'éteindre
la révolution et s'empare, après une révolte malheureuse ha-
bilement exploitée, de cette pauvre Pologne qui semble, dans
les desseins de la Providence, la nation offerte à l'ambition de
ses puissants rivaux.

C'est pour avoir méconnu en partie cette grande politique
de son fondateur, que la Maison de Bourbon s'est préparée,
sous la Restauration, des difficultés qui ont hâté sa chute.

En 1848, le génie observateur du cabinet de Saint-Péters-
bourg *protége* l'Autriche en couvrant la Hongrie de ses ba-
taillons. Il fallait la complicité silencieuse de l'Autriche à l'armée de l'Empereur Nicolas pour pénétrer, à l'ombre de nos
discordes, sur les rives du Bosphore, et asseoir enfin sur le
trône de Byzance cette *sainte Russie orthodoxe*, qu'en tient
éloignée depuis quatre cents ans la domination barbare du
Musulman. Certes, tout cela est l'œuvre d'une politique pa-
tiente, prudente, habile même, si l'habileté consiste seulement
à couvrir ses projets d'un vernis d'indépendance et de liberté
aux yeux des peuples qui souffrent, sauf à les opprimer soi-
même et à leur imposer d'autres chaînes.

Voyez la France en 1856! A ses côtés l'Angleterre avec son
armée et sa formidable marine : la Sardaigne commandée par
un des généraux les plus distingués d'Europe, fier lui-même
de commander à des soldats qui ont excité l'admiration sym-
pathique de notre armée.

Au Nord, la Suède et la Norwége, fidèles à la politique de la
France, vieilles alliées de nos gloires et de nos revers, ouvrent
leurs ports à nos flottes, leurs côtes à nos armées, et se ran-

gent loyalement du côté de la France par cet esprit de justice aussi salutaire aux nations qu'aux individus.

Et l'Allemagne ! L'Autriche n'est-elle pas à sa tête, la plus fortement intéressée au succès des puissances occidentales ? n'est-elle pas l'alliée de la France, dont le désintéressement, dans cette guerre, a su rallier tous les peuples indépendants ? Est-il indifférent pour l'Autriche de voir à ses portes les dix millions d'habitants des Principautés danubiennes indépendantes de la Russie, et la séparer naturellement d'une armée si redoutable ? La Russie a beau faire, plus elle *protége* et plus on la craint. La Grèce elle-même n'a-t-elle pas fini par voir qu'il y va de son indépendance, et que son *agrandissement* ne peut se faire par la Russie, mais aux dépens de la protection russe ? Que demande la Grèce au fond ? un peu plus de territoire, et pour ses onze millions de coréligionnaires de l'Asie-Mineure, le droit de rester fidèles à leur culte, et d'entrer dans la vie politique et sociale que la civilisation mahométane n'avait pu comprendre jusqu'à ce jour. Ceci n'est pas l'œuvre d'un jour : l'armée de Crimée a plus fait pour la Grèce et la civilisation de la Turquie, pendant dix-huit mois surtout, que tous les publicistes et tous les philosophes d'Europe depuis un siècle. La croix catholique, arrosée du sang de nos soldats, honorée et glorifiée aux yeux des Turcs et des peuples schismatiques de l'Orient par nos saintes et dignes filles de Saint-Vincent-de-Paul, la charité en action dans les hôpitaux, où Russes et Français étaient souvent confondus et soignés comme les enfants d'une même patrie : cette civilisation toute apostolique va mieux au cœur des populations que les doctrines des publicistes.

<h2 style="text-align:center">V</h2>

Liée aux puissances occidentales par un traité, l'Autriche l'est encore davantage par ses intérêts. Si elle a perdu elle-même cette prédominance que le génie de sa politique passée avait pu rêver, elle contribuera encore moins volontiers à élever la Russie en maîtresse absolue de l'Occident.

Les nations plus méridionales de l'Europe, l'Italie centrale, les Deux-Siciles, l'Espagne, sont en dehors de la lutte, plus par leur position exceptionnelle, l'état de leur puissance militaire ou maritime, que par indifférence pour les grands intérêts de la civilisation.

Restent l'Allemagne centrale et l'Allemagne septentrionale. La Saxe, la Bavière, qui comptent parmi les monarchies de l'Europe, accepteraient la paix, si la paix était possible. Cela ne veut pas dire que ces États font des vœux pour la Russie.

Il y a en Russie deux éléments très-distincts dans les sommités politiques : le parti Allemand et le parti Moscovite, le premier pour la paix, l'autre pour la guerre. C'est une question de race plus que de caste. Les Allemands de Russie exercent une certaine influence sur l'Allemagne proprement dite; de là les deux courants qu'on remarque dans les États allemands. On se tromperait étrangement, si on supposait que l'Allemagne est disposée à subir le joug de la Russie. Ce serait méconnaître complétement le sentiment de ces peuples, qui se rappellent avec orgueil les luttes héroïques du grand Frédéric et de Marie-Thérèse; luttes qui ont amené d'implacables rivalités, mais sans jamais éteindre l'amour sacré de la patrie et de l'indépendance.

La Prusse s'est placée dans cet état qui n'est ni la neutralité officielle, ni l'hostilité déclarée. Jamais État, depuis des siècles, n'a été mis à aussi rude épreuve. Sa politique vacillante et mobile comme un vaisseau qu'agite, en sens divers, la tempête au milieu de l'Océan, n'est rassurante ni pour la Russie, ni pour les puissances alliées, ni pour elle-même. Il y a moins de cent cinquante ans, la monarchie prussienne n'était que l'*électorat de Brandebourg*. Il en est de certaines dynasties et de certaines races comme de ces arbres à grande ramure qui poussent, sous les tropiques, avec une luxuriante rapidité, et qui disparaissent au premier souffle de l'ouragan.

A l'époque où nous vivons, les alliances dynastiques sont et peuvent être encore un motif de sympathie entre les têtes couronnées. C'est la reconnaissance du cœur : la politique des empires va plus haut. Sans cesser d'être courtoise et chevaleresque, elle embrasse les intérêts des peuples, dont le gouvernement est confié à chaque souverain. Les mariages, qui conféraient autrefois la souveraineté sur les peuples et les provinces qu'une royale fiancée apportait en dot, ne sont plus aujourd'hui qu'une union, toujours divine sans doute, mais purement civile. Les mariages politiques n'agrandissent plus les États. Quelques princes, en Europe, semblent se faire illusion, sous ce rapport. Quand un prince monte sur le trône d'un peuple où l'appelle la Providence, il devient, *ipso facto*, le chef légitime de ce peuple, qui l'a salué en lui jurant obéissance et fidélité. Les exemples ne manquent pas dans nos temps modernes, si fertiles en nouveautés de tous genres.

La Suède, la Grèce, la Belgique ont, sur le trône, des dynasties étrangères. La Toscane, les Deux-Siciles, l'Espagne, avaient donné l'exemple. Les souverains de ces divers États ont-ils jamais songé à relever directement de leurs illustres parentés ?

Un exemple à jamais mémorable et bien frappant, le roi Louis de Hollande n'a-t-il pas été la personnification glorieuse de cette généreuse et noble Néerlande, quand la Maison illustre des Nassau vivait obscurément sur la terre d'exil ? Qui n'a pas admiré la courageuse résistance de ce prince français oubliant son origine, la main puissante qui lui avait mis la couronne sur la tête, pour se rappeler qu'avant tout, même avant d'être le frère du plus grand monarque de l'Europe, il était lui-même, avant tout, on ne saurait trop insister sur ce point, *roi des Hollandais.*

Une certaine réserve diplomatique, dont le lecteur comprendra la portée, ne nous permet pas de nous étendre davantage sur ce point ; mais il est constant que la Hollande, à un moment donné, serait plutôt pour les puissances occidentales que pour la Russie, *malgré les liens de famille* des deux dynasties.

VI.

Quelle est donc au juste la position de la Russie ?

Au Nord : point d'alliance, ou plutôt, des États liés par un traité avec la France et l'Angleterre.

Au Centre : la pression de l'Allemagne entière, moins la Prusse qui n'ose peut-être s'avouer à elle-même sa position.

Au Midi : l'Autriche, les Principautés danubiennes, la Turquie, et du Nord au Midi les flottes et les armées de la France, de l'Angleterre et de la Sardaigne. Ce n'est donc pas, le lecteur le remarquera facilement, contre la France et l'Angleterre que se bat la Russie, mais contre l'Europe entière. Si les deux grandes puissances de l'occident se sont placées à la tête de la résistance, c'est qu'elles ne pouvaient faire autrement sans abdiquer le rôle de puissance de premier ordre.

L'appel de l'Empereur des Français à l'opinion publique pouvait-il recevoir un plus éclatant hommage que ces alliances des États du Nord, confirmant aux yeux de l'Europe la loyauté de ce souverain, qui déclare avec la même franchise à son armée victorieuse, qu'elle doit cependant se tenir prête à marcher, si l'honneur de la patrie le demande.

Or, qu'on examine froidement la question :

La Russie seule peut et doit demander la paix.

Les puissances alliées seules peuvent en régler les conditions.

C'est toujours au vainqueur à poser les lois au vaincu. Autrement, à quoi serviraient les batailles et les victoires? L'attention de l'Europe est maintenant éveillée. Les puissances belligérantes, les États neutres savent de quoi il s'agit.

La Russie veut *conquérir* et *dominer :* les puissances alliées ne veulent permettre ni *conquête* ni *domination;* et ne pouvant demander honorablement la paix qu'elles désirent aussi vivement que la Russie, elles attendent avec la confiance qu'inspire la justice, les décisions suprêmes d'une nouvelle victoire, résolues à poursuivre jusqu'au bout, si la Russie ne cède pas, cette politique, qui pourrait singulièrement modifier certains États de l'Europe, mais qui n'en serait pas moins une politique que la France et l'Europe approuveraient, puisqu'elle serait la consécration glorieuse de l'histoire des divers peuples qui ont associé leurs armes et leurs efforts pour un but commun, l'équilibre de l'Europe.

La Russie isolée n'en reste pas moins une grande puissance, mais fortement compromise au Midi : elle n'a pu entamer la Turquie ; elle a perdu sa marine de la Mer-Noire et la place forte de ses prédilections, qu'il avait fallu quarante ans pour établir, et menacer d'un armement redoutable, cette mer qu'elle regardait comme un lac russe.

Nous n'irons pas jusqu'à dire que la perte d'un point si important ne soit ni sensible, ni humiliant pour l'orgueil d'un grand peuple. C'est l'histoire de tous les vaincus, mais une défaite n'est pas un déshonneur. Il n'y a que les forts qui savent résister. La bataille navale de la Hogue sous Louis XIV, où le génie maritime de Tourville luttait glorieusement avec 44 vaisseaux et 3,000 canons, pendant une journée entière, contre les flottes combinées des Anglais et des Hollandais, fortes de 99 vaisseaux et de 7,300 canons, fut un revers sans doute, mais non une honte pour la marine française ; la bataille de Waterloo fut une humiliation pour la France, mais non un déshonneur pour l'armée française qui luttait contre une coalition.

Ce sont de ces coups de la Providence que les peuples et les souverains doivent supporter.

L'empereur Alexandre II est le chef d'un grand empire et l'héritier d'un puissant empereur. Mais Nicolas Ier, en léguant sa couronne, n'a imposé à son auguste successeur que la conservation des prérogatives de la souveraineté. L'exemple de la France est frappant. Le premier Empire fut une époque de guerre et de conquêtes. L'Empire actuel, l'Europe et la France le reconnaissent universellement, l'Empire actuel a tout fait pour la paix, et ne cesse encore, tout en se tenant sur une défensive prudente, d'accueillir ce que l'honneur de la couronne et le repos de l'Europe permettent de souscrire avec toute sécurité pour l'avenir.

Que demande la France? — Rien.

Que demande l'Angleterre? — Rien.

Que demande la Sardaigne? — Rien.

Que demande la Turquie? — Rien.

Que demande le reste de l'Europe? — La paix.

Que demande la Russie? — Tout.

Ainsi, régner du golfe de Finlande jusqu'au Bosphore, avoir la clef de la Mer Baltique et celle des Dardanelles, voilà ce que VEUT LA RUSSIE, et voilà ce que NE VEULENT PAS LES PUISSANCES ALLIÉES.

Où est la justice?

LA PAIX EST-ELLE POSSIBLE?

Le lecteur peut juger.

Tous les grands peuples ont été vaincus. Les Romains l'ont été, et ils n'en sont pas moins restés la plus puissante nation de l'antiquité. Les Anglais l'ont été. Les Espagnols, quand le soleil ne se couchait pas sur leur vaste empire, l'ont été. Les Français ont perdu d'importantes batailles. L'Autriche n'a point oublié Marengo. Où en seraient les peuples, s'il ne fallait traiter qu'après la victoire de l'agresseur?

Ce n'est point pour la Russie que nous écrivons, mais pour éclairer les populations qui comprennent médiocrement le sens de la guerre actuelle, et ne la jugent que par les sacrifices qu'elle impose. Oui, sans nul doute, la guerre est un grand malheur. Les sacrifices en hommes, bien plus douloureux que les sacrifices d'argent qu'on répare si vite, ne sauraient être indifférents aux yeux des chefs des empires. Mais n'oublions jamais que la guerre entre dans les desseins de la Providence qui se sert des hommes, souvent à leur insu et contre leur vœu, pour accomplir ses impénétrables décrets et faire sortir des iniquités le bien de l'humanité.

La guerre actuelle a déjà porté ses fruits. L'Orient prend une nouvelle face. Ces parias qu'une barbarie séculaire semblait couvrir d'un voile éternel, sortent de leurs tombeaux. Jérusalem respire; les chrétiens de l'Asie-Mineure, comme aux beaux jours des croisades, plus heureux que les contemporains de Godefroi de Bouillon et de saint Louis, entrevoient le moment qu'ils avaient rêvé dans cette longue captivité de plusieurs siècles. Nos ancêtres ont sacrifié plus de six cent mille hommes pour enlever le tombeau du Christ à la spoliation et aux profanations des Musulmans. Il s'agit maintenant de nous préserver de la civilisation Russe, c'est-à-dire, comparativement, de la barbarie moderne et du despotisme d'un peuple conquérant. Serions-nous indignes des soldats de François Ier, nos aïeux? Aurions-nous moins de génie et moins de courage que n'en ont montré les compagnons d'armes de Henri IV et les armées qu'animait de son ardeur le puissant ministre de Louis XIII?

Tenons-nous donc prêts pour la défense et pour l'attaque. Si nous ne triomphons de la Russie chez elle, la Russie triomphera chez nous, il n'y a pas de milieu. C'est une guerre à mort que le génie souple et prévoyant de la diplomatie ne saurait empêcher, à moins que l'Europe ne se lève comme un seul homme, et que l'Allemagne surtout ne choisisse entre deux maux : une *guerre de révolution* ou une *guerre d'indépendance.*

Là est le danger pour les neutres. Quand l'incendie menace une cité, tous les bons citoyens forment la chaîne, car tous sont intéressés au salut commun. Il ne s'agit plus pour les grandes puissances de l'Allemagne de savoir laquelle aura la suprématie des bouches du Rhin aux bouches du Danube. La révolution veille avec une redoutable activité.

Qui sera roi en Europe? Cette Reine terrible qui ne respire que sang et carnage? Elle n'aspire qu'à étendre sa verge de fer sur l'Occident.

Souverains et peuples encore indépendants de la *patrie allemande,* pour employer l'expression favorite de vos poëtes nationaux, réveillez-vous; rappelez-vous 1848. Comparez le présent au passé, que les enseignements de ce passé vous fassent entrevoir l'avenir et ses tempêtes! Le réveil de l'Allemagne est le salut de l'Europe : c'est la paix.

Le silence et la neutralité du centre de l'Allemagne et de l'Allemagne septentrionale, c'est la guerre, et peut-être la révolution.

Les alliés font leur devoir.

Allemands, levez-vous et faites le vôtre.

Alea jacta est.

La paix est à ce prix!

Alors, mais seulement alors, la diplomatie pourra intervenir, et remplir un rôle honorable pour les alliés et utile pour l'Europe.

Paris. — Imp. Bailly, Divry et C°, place Sorbonne, 2.

460

www.ingramcontent.com/pod-product-compliance
Lightning Source LLC
Chambersburg PA
CBHW061221050726
47594CB00008B/3740